汚ブスの呪縛

KENJI

まえがき

ごきげんよう。汚（お）ブス研究家のＫＥＮＪＩよ。

「汚ブスの呪縛」を手に取っていただきありがとうございます。

この本を手に取ってくださったということは、「私、汚ブスかもしれない……」なんて自覚症状があるのかしら？


え？「そもそも汚ブスって何？」「ＫＥＮＪＩって誰？」ですって？


オカマいなく～。

無理もないわ。

だってアタシ、今までずっと身近な女子会とマダム会で、汚ブスちゃんの種にＫＥＮＪＩ美タミンを注入していたんだから。

アタシは今、株式会社スリースマイルという会社を経営しているの。

日本を「笑顔」に変える会社よ♪

何でこの会社を経営しているかというとね……


アタシは以前、某芸（誰がゲイよ！）能事務所でアイドルのマネージャーとして働いていたの。

あの業界は、とにかく礼儀・作法には手厳しくてね。

でも、「可愛い」ってもてはやされて育ってきたアイドルちゃんたちの礼儀がなっているワケないじゃない？

だから、アタシがイチからビシバシと叩き込むことになったわ。


だけどね、全員に同じように教えて実践させても、どうしても業界人から「好かれる子」と「嫌われる子」が存在してしまうの。

その原因を探ろうと、彼女たちを常に観察していたら「嫌われる理由」がわかったわ。

嫌われる子はみんな汚ブスだったのよ！

そんなこんなで、アイドルちゃんたちに喝を入れ続けていた時、とあるお友達に呼ばれて女子会に参加したの。
そこにも案の定汚ブスがいてね。
いつもの癖で、その場で汚ブスに美タミンを注入したわ。
そしたら、いつの間か「ＫＥＮＪＩの美タミン」が噂になって、年間４００回も女子会やマダム会に呼ばれるようになったの。

え？「女子会で何してるの？」ですって？

恋愛、学校、職場、性、ボディコミュニケーション（セックス）、夫婦関係などなど……女性たちのお悩み相談を受けているのよ。

よく知らない相手のほうが、好き勝手べらべら自分の内面を打ち明けやすかったりもするじゃない？

女の子って投げっぱなしが大好きじゃない？


そんな彼女たちにＫＥＮＪＩ美タミンを注入してあげると、目の前の汚ブスちゃんがみるみる変わっていくのよ。


実はアタシ、過去にお笑い芸人として活動していたこともあるんだけど、

「今は、ゲイ人として目の前の汚ブスを笑顔に変えさせることが出来る」

って気づいたの。

ちょっと！　ゲイゲイうるさいわよ!!


でも、直接会って話を聞ける人数なんてたかが知れてるでしょ？

そこで「女という幻想をぶっ壊す」女性たちの本音情報サイト・ｍｅｓｓｙにて、

お悩み相談を募集することにしたの。

すると、あれよあれよと相談が届き、今まで美タミン注入した人数は気づけば150人を越えていたわ。


すべての相談を通して感じたことは、「愛を知らない人が多すぎる！」ということ。

現在フリーの人、彼氏のいる未婚者、不倫している人、離婚した人……いろんな立場で「汚ブスの呪縛」に取りつかれている人ばかりよ。


え？「だから、汚ブスって何？」ですって？

それは……

【汚ブス】

汚…思いやりのない人

ブ…ブスっとした人

ス…隙だらけの人

汚ブスとは、外見の問題ではなくて内面のことなのよ。

そして内側から湧き上がる汚ブス臭は、いつしか顔や体にも現れるの。

アナタに心当たりはないかしら?

そこで、「愛って何だと思う?」をテーマに、messyに配信されたお悩み相談記事の中から選りすぐりの汚ブス事案を詰め込んだのが、この「汚ブスの呪縛」よ。

アタシはお医者様でもカウンセラーでもないけど、「嫌われる人＝汚ブス」を好かれる人に変身させる手助けができれば……

という思いを込めてこの本を書いたわ。

気軽にカフェで、隣のテーブルの女子会に聞き耳を立てる感覚でのぞいてみてね。


それでは、「汚ブスの呪縛」スタートよ♪

目次

第一章　運命の相手を求める貴女へ

第二章　恋人との関係に疲れた貴女へ

七　言えない汚ブスたち

八　プロポーズ待ちぼうけ汚ブスたち

第三章　不倫の泥沼にズブズブの貴女へ

第一章

運命の相手を求める貴女へ

一 恋愛経験の乏しい汚ブスたち

いまだに付き合った経験がありません

みいさん（24歳）

最近、私の周りでは結婚ラッシュが始まり焦っています。というのも、私はいまだに誰とも付き合った経験がないからです。男性と話す時、必ずや聞かれる恋愛事情。上手くかわせているのか……自信がありません。男性を紹介してくれようとする女友達もいるのですが、複数のセフレがいるような友達なので信用できません。合コンもないし……。こんな自分から早くさよならしたいです。私でもできることってありますか？

美タミン注入

友人が結婚しちゃうとなんか遠くの世界に行っちゃう気がするし、中には連絡もパタリと途絶えちゃう人もいるのよね〜。彼氏がいようがいまいが独身女性にとっての「友達の結婚」って、祝福したい気持ちと寂しさや焦りが入り交じるものよ。今まで誰とも付き合ったことのない人なら尚更ね。

人間誰しも余裕がなくなれば表情や身なり、そして言葉遣いもだんだん悪くなってしまうもの。余裕を持つための時間を自分で作りましょう。**周りの人は自分の鏡。**余裕ができれば、近寄って来る人の質も変わるわよ。その上、アナタ自身に見極める力が付きます。まずはそこからじゃないかしら。

恋の仕方がわからなくなってしまいました

にやお（28歳）

この歳になるまで、恋人ができたことがありません。そもそも、最近は恋心の抱き方さえわからなくなってしまっている気がします……。

心配してくれる友達や先輩が、合コンや飲み会など男性との出会いの場に誘ってはくれるのですが、勝手に「私なんかと付き合うよりも、他の女の子のほうが良いだろうな……」と思ってしまい、合コンに参加することさえも躊躇し、申し訳ない気持ちでいっぱいになります。中学生の頃には好きな人がいたのですが、それ以来、自分の中で恋心が芽生えません。当時の私は、一体どうやって恋に落ちていたのか……こんな私はおかしいのでしょうか？

美タミン注入

「こんな私はおかしいのでしょうか」って……。アナタのその考え方に胸焼けするわ！　まったくおかしくないでしょうが。ただ、恋を脅威に感じてしまってネガティブになりすぎているのよ。

「恋人ができたことがない」って言うけど、【年齢＝恋人いない歴】って今の時代珍しくはないんじゃないかしら？　アナタが勝手にコンプレックスと捉えているだけ。周りの人はアナタが思っているほど気にしてないわよ。アナタの考えは高反発なの！　**テンピュール枕のような低反発を心がけなさい**。何でも弾き返してしまってはダメよ〜。やっぱり一旦は受け入れてみないと何もわからないし、何も始まらないじゃないの。

好きな人との距離が縮まりません

あっちゃん（25歳）

25歳にして、いまだ彼氏ができたことがありません。好きな人（31歳）はいるのですが、どんな風に行動すれば上手くいくのかまったくわからなくて悩んでいます。

俗に言う〝恋の駆け引き〟が苦手で、気になる男性には、先に「好き」って伝えたほうが積極的にアピールできるのでは？　と思う反面、メールをしたり遊びに行くなど、まずは私の気持ちを隠して、段階を踏んだほうがいいんだろうなとも思います。好きな人とは職場が同じなので、なるべくたくさん話しかけるようにしていますが、少しでも意識すると恥ずかしくなって赤面してしまうので、なかなか長時間は喋れません。こんな奥手な私……どうすればいいのでしょうか？

美タミン注入

恐らく……いや、残念ながらほぼ確実に、あっちゃんさんのように【不器用な人の恋愛】は、好意が相手にバレちゃってるわよ。自分では上手く隠せているつもりでも、意中の殿方の前では常にニヤついてしまい、どことなく違和感があるのよ。恋している人って、自分の恋愛以外の会話には上の空だし、何だかフワフワしているのよね。腹立つわ〜!! でも、周りに迷惑をかけなければ恋なんていくらでもして良いのよ。

ただ、**アナタの場合は自意識が強すぎる**の。相手を知ることから始めなさい。「殿方は何に興味を持っているのか」「どんな人が好きなのか」そんなところから始めてみてはいかがかしら。その後、アナタが負担にならない程度に、相手に染まれる部分は染まってみて。殿方が「おっ、気が合うな」と思った瞬間一気にズドーンよ！

汚《お》背《せ》伸《の》びブス

（経験や実力よりも二、三歩先の悩みを抱えている人。）


［口癖］「どうせ私なんて」

「彼は私みたいな女、好きじゃないよ」

［特徴］自分に自身がなく、恋愛に対して基本ネガティブ思考。

恋愛未開封のアナタ方は、勝負する相手を間違えているわ。周りの友達や意中の殿方との手合わせなんて、まだまだ早いの。汚背伸びブスちゃんになるのではなく、焦らなくて良いから、一歩ずつ自分のペースで着実に進みなさい。

まずは、自分自身に勝負を挑むの。過去の自分よりも今、今よりも未来。そうやって自分を奮い立たせて、自分と向き合いなさい。「今まで恋愛をしたことがないから……」「奥手だから……」「出会いがないから……」「いい男がいないから……」とネガティブスパイラルに陥るのではなく、そんな自分を利用しなさい！　アナタ方は「誰とも付き合ったことがない」ことをコンプレックスとして「自分のダメなところ」かのように捉えているけど、**自分のコンプレックスは、他人から見たら武器**。

ウブなアナタ方だからこそできる恋愛があるの。だって、恋愛経験の少ないアナタ方は、殿方と過ごす時間の中で新鮮に感じることが多いのではないかしら。例えば、殿方がアナタに優しい行動をしたとするわね。経験豊富な女性にとって「当たり前」

と感じてしまうことも、素直に喜ぶことができるのよ。ポイントは「その気持ちを素直に伝えること」。「こんなことで喜ぶなんてダサいかな」「恥ずかしいな」と気持ちを隠すのではなく、恋愛にウブなアナタ方だからこそ気付ける部分を立てれば、多くの殿方は喜ぶわ。もしかしたら、計算高い女性では気付けないことにも反応できるかもしれないわよ。そんな無敵の武器を兼ね備えている自分を楽しんでみてはいかがかしら?

もし今、恋愛というテーマを脅威に感じてしまっているのなら、それは大きな間違い。恋愛は自分を美しくしてくれる良い薬よ。時には傷つくこともあるけど、それは自分が成長している証拠なの。**相手が何を考えているのか理解しようとする心を持つこと**で、一方通行だった思いがやがて双方向になっていくわ。もちろん、実らない恋もあるでしょう。でも、傷つくことは当たり前。傷つくことを恐れてしまっては、何も始まらないわ。傷ついてボロボロになる勇気を持つのよ。別に何も減らないのだから。

二 理想の男に出会えない汚ブスたち

女子力ゼロでも、大恋愛の末に結婚できるでしょうか

ふわうさ（33歳）

私は現在、彼氏どころか好きな人も出来ず干からびています。人生にトキメキがありません。性欲は、彼氏が出来れば一日に何回も湧きますが、今は一切湧きません。すっからかんのスカスカ、カサカサです。何度かお見合いのようなこともしたのですが、誰もピンときませんでした。積極的に自分から話題を振っても、相手の返しが無難すぎて退屈です。たまに面白い人とも出会いますが、すぐに気持ちが萎えてしまいます。だからといって芸人みたいな人も嫌です。理想を言えば、知的でウイ

ットに富んだ会話が出来る人が大好きです。

そんな中、私の女子力は相当落ちてきています。若い頃はキラキラ系ＯＬを楽しんでいたのですが、30歳を越えてからは、ヒールを履くと関節や腰が痛くて大変です。化粧も面倒なので、会社にはスッピンで適当な服を着て出社する毎日……こんなにも女子力の低い状態では、誰からも言い寄られるわけがないとわかっています。でも、自分を綺麗にする努力をしたところで、まず体力が持たないし、明確なメリットも見えないし、綺麗を保つには割とコストもかかるし、まったくモチベーションがあがりません。

こんなヨボヨボの私でも、大恋愛をして結婚できるのでしょうか。正直、恋愛も結婚も子育ても体力勝負だし、想像するだけで疲れてしまいます。とはいっても結婚したい！　というか、いずれ誰かに世話して欲しい……。老後をひとりで生きるのは不安です。理想の相手と結婚するためには何をすればいいかの教えてください。

美タミン注入

アナタは恋愛に疲れているのね。休息は必要よ。そんな状態で「理想の相手と出会いたい！」なんて……無理よ！　今のアナタには誰も魅力を感じないわ。自分は何ひとつ努力していないくせに、殿方に求めるモノが多すぎるのよ！　いるのよね～。理想を並べるだけ並べて、ただひたすら奇跡的な出会いを待ち詫びている汚ブス。

アナタが誰にも言い寄られないのは、会社にお化粧して行かないことや、適当な洋服を着て行くからではないの。問題は、**殿方を「減点方式」で選んでいることよ！**学校の先生にでもなったつもり!?　そして、アナタは完璧なわけ!?　ヒールも履けない女が、ふざけるのもいい加減になさい!!　身の程知らずにならないためにも、一度クールダウンしてみてはいかがかしら。焦ったって何も良いことはないわよ。

高望みはしていないのに彼氏ができません

るるさん（33歳）

職場や飲み会などで異性との出会い自体はあるのですが、三年ほど彼氏ができません。最近はお見合いを始めてみたのですが、いいなと思える人に出会えないのです。男性に希望することは「気が合って働き者の方」。そんなに高望みはしていないはずなのに……。私は現在、彼氏どころか好きな人さえいないのですが、出産のタイムリミットを逆算しては焦る毎日です。

私は家事も好きだし、容姿も性格もそんなに悪くないと思います。友達は三人目を産んだり、着々と次のステージへ進んでいるのに自分は……と思うと悲しくなります。幸せな結婚がしたいです。アドバイスをお願いします！

美タミン注入

アナタは知らず知らずのうちに、友達に対して嫉妬心が剥き出しになっているのではないかしら。誰が見ても完璧な殿方と、みんなが羨むような理想の家庭を築くことばかり意識しちゃっているように見えるわ。「理想を叶えてくれる殿方だったら、誰でもいいから結婚したい！」という気持ちは殿方にも伝わります。殿方たちは、焦っていたりガメツい女と結婚したいでしょうか？　**女性がそうであるように、殿方もまたいろんな意味で「余裕がある人」に惹かれるのではないでしょうか？**

そして「どんな殿方に対してもときめかない」って……アナタに寄ってくる殿方がみーんな揃いも揃って魅力のない野郎ばっかりなの？　アナタ自身が「みんなに追いつかなきゃ」と焦燥感を抱いていて、ときめきスイッチをＯＦＦにしてしまっているだけ、ってことはないかしら？

汚《お》求《もと》めブス

（理想の男性像が現実的でなく、それを自覚していない人。）

[口癖]「トキメキた〜い」「いい男って大抵誰かのモノなんだよね〜」

[特徴] 男性にチヤホヤされた経験があり、自己評価は実力以上。

ある程度チヤホヤされてきたアナタ方は、ズバリ「女子バテ中」ってところかしらね。過去には多くの殿方たちが次から次へと目の前に現れ、めくるめく恋をして、殿方のいろんな姿を目の当たりにしてきたのでしょう。中にはアナタの理想の旦那像に合致した殿方もいたんじゃないかしら？　でも、その殿方とは結ばれることなく終わりを迎え、今となっては同じような魅力を兼ね備えたハイスペックな殿方に出会えず心が折れちゃった……なんてね。

はっきり言わせてもらうけど、**理想は理想、現実は現実ということをお忘れなく。**「そんなのわかってるわよ！」と言いたいかもしれないけど、汚求めブスちゃんたちは全然わかってないのよ。

「出会いはあるけどピンと来ない」「高望みはしてないけど……」なんて言葉が出てくるのがその証拠。周りの友達に先を越され、彼氏や旦那や子供との幸せエピソードを聞かされているうちに、アナタから〝負けず嫌いの魂〟がふつふつと湧き出ていることに気付いてないのね。そして、無意識のうちに理想の殿方像や結婚ライフを頭の中で作り上げて、殿方に求める条件がどんどんハイスペックになってしまっているの。もう友達と自分を比べるのはお止めなさい。違う人間なんだもの。比べたって何の意味もないわ。アナタが求めている殿方の条件は、「幸せそうな生活をSNSに投稿して、友達に羨ましがられたい」がためのモノじゃない？　そんな虚しい理由だったら今すぐ考え直しなさい！

大恋愛なんて夢物語を語る前に、現実を受け止めること。「あれも欲しい」「これも重要」と欲張って汚求めブスちゃんになってはダメよ。実はみんなが良いと思うような多くの条件を殿方に求めすぎていて、「本当の自分の理想」と向き合えていないから出会えないの。結婚したいのであれば、**まずは結婚相手の条件をたったひとつに厳選**してみなさい。最後に残ったその事柄こそが、アナタの本当に求めているモノよ。その条件に的を絞ってみて。それができたら、周りを気にせずＧＯＩＮＧ ＭＹ ＷＡＹ！　検討を祈るわ。

三 片思い汚ブスたち

好きな人がデートに誘ってくれません

ろみぃ（23歳）

私はアパレルの販売員です。今、同じビルに務めている10歳年上の警備員さんに恋をしています。出勤するたびに顔を合わせているうちに、いつもニコニコと、どんな方にも平等に接する姿に惹かれていきました。

今までの私の恋愛は、男に流され、尽くし、最初は良いけど徐々にウザがられる、典型的な【あれだけ尽くしたのにどうして？　悲劇のヒロイン女】でした。これまで何度も同じ失敗をしてきたので、今回は過ちを繰り返さないよう注意しながら彼にアプローチをしています。アプローチ方法は、ビルの出口で彼に負けないくらい笑顔で話したり、個人的に旅行のお土産を渡したりしています。その甲斐あってか、彼も私の気持ちに気付いているようで、彼がビル内を巡回している時に、手を振ってくれるようになりました。

「彼は独身で彼女もいない」と第三者から聞きました。しかし、まだ連絡先を聞かれたことはなく、ビル外で会ったことはありません。私が受け身だということはわかっていますが、ここまで頑張ってアピールしたのだから、彼から連絡先を聞いてくれたり、デートに誘って欲しいんです。私の気持ちに気付いているのにデートに誘ってもらえないということは、また私はウザがられているのでしょうか？　恋愛で失敗ばかりしてきたので、もうこれ以上、どうすればいいのかわかりません。ＫＥＮＪＩさんから見て、私はどのような状態ですか？　また、彼は私のことをどう思っているのでしょうか？

美タミン注入

人は恋をすると高鳴る気持ちが抑えられなくなってしまい、冷静さを失うのよね。殿方のちょっとした言葉や行動にも神経を研ぎ澄まし、勝手に考えすぎてしまい、結果的に間違った解釈をして空回りをすることもあるの。

でもろみぃさん、そこまでアプローチできたのに、どうして連絡先の交換やデートの約束は「待ち」の姿勢なわけ？　「私はここまでアピールしたのだから……」ってね、**殿方からしたら「頼んでない」**のよ！　殿方が「アナタに興味がない」のか「奥手」なのかはまだ断言できないけれど、どちらにしろ、今の状態では彼から良いアクションを起こしてくれることを期待してはダメ。相手に「見返り」を求めていては何も生まれないわ。もう、中途半端に可愛い子ぶるのはおよしなさい！　無駄でしかないわよ！

処女の私は遊ばれているのでしょうか

Machi（23歳）

一カ月前に街コンで出合った37歳の方と親しくなったのですが、私が恋愛未経験で処女だと伝えると、明らかに困惑してしまいました。彼は「年齢的にも、次は結婚を意識して交際したい。それなりに恋愛経験を積んだ女性と……」と。そして「(私は) 理想に該当しない、結婚も今の段階では考えられない」「今まで通りの友達か、未来はないけど付き合うか」という二択を提案されました。

私が悩んでいると、「今後の関係は僕に任せて欲しい。大切にするから」と言い、キスと愛撫をされました。次は「家に泊まりに来て」と言われています。私は彼と付き合いたいのですが、遊びとかセフレになるということなのでしょうか？

美タミン注入

アナタは、愛に餓えているのね。殿方のことがまったく見えていないわ。重要な選択肢を提案しておいて、その後すぐにまったく違う答えを提示する……そんな殿方に、その先の関係をお任せして幸せになれる人がどこにいるのよ!?

今のアナタは「可愛い」のではなく「ただの世間知らず」。知らない世界が多い分、何でもすぐに真に受けてしまうのでしょうけど……危険よ!! **殿方からしてみれば、「卵からかえったばかりのアヒルの子」**のような感じかしら。恋は盲目なの。だからこそ自分から落ちてしまった恋には、冷静にならないとダメ!! しかも、好意があるとわかった途端に途中まででもボディコミュニケーションを仕掛けてくる男なんて、本気で恋しても傷つくだけよ。すぐに「うち来なよ?」「家行ってもいい??」なんて言う男もね!!

汚《お》っかけブス（がむしゃらに男性を追いかけてしまう人。）

［口癖］「私はいっぱい尽くしてるのに」
「好きだからしょうがない」
［特徴］一見大人しそうな雰囲気だが、ちょっと頑固で意地っ張り。

この恋心がいつ成就するのかわからないけど、どうにかなる話であればどうにかしたい……。片思いってとっても苦しいものよね。だからといって、「遊ばれてもいいから一緒になって」「アナタの邪魔はしないから側にいさせて」なんて言っては絶対にダメ。**苦しさが消えるのは、その一瞬だけなの。**一生かけても幸せにはなれないわよ！

そんな、その場しのぎの幸せに逃げて〝流され癖〟がついてしまったら、もう大変。意中の殿方が、アナタ方の気持ちを利用するダメ男の場合は、「食い散らかすだけ散らかして、後始末は自分でしなさい」ってパターンが多いの。そういう殿方たちは、惚れた弱みに漬け込んで、自分のことしか考えていないのよ。利用される前に冷静になりなさい！

でも、汚っかけブスちゃんに成り下がってしまう気持ちもわかるわ。人肌が恋しい時って、意中の殿方の些細な言動を都合良く解釈して、「ちょっとした優しさ」と勘違いしちゃうのよね。少し考えれば、本当の優しさじゃないことくらいわかるのに……。「ポジティブに捉えないとやってられない」って気持ちもわかるけど、勝手に期待するのはおよしなさい。

耳に届いた根拠のない情報を信じたり、殿方に振り回されては流されることを、アタシは**「恋愛島流しの刑」**と呼んでいるの。その行き着く先はセカンドポジションよ！　目を覚ましなさい。

どうしてわざわざ自分からセカンドポジションに立ちにいくの？　ファーストポジションになりたいのなら、今のアナタが味わっている不安な気持ちを相手にも感じさせてみなさい。彼がアナタを手放したり、言い訳を始めた場合はそれまでの関係だと思ったほうが良いわ。今以上の幸せを求めるのなら、もっと追いかけられるように仕向けること。今送ろうとしてるメールを一回我慢することから始めてみてはいかがかしら？

四

友達以上恋人未満の汚ブスたち

昼間のデートを誘うと無視されてしまいます

みゆ（29歳）

私には去年の九月から、少なくても月二回、多い時には週一回ほど会っている男性がいます（体の関係あり）。彼の考え方やこだわる部分が自分と似ていたり、一緒にいると落ち着く人間性に惹かれ、三回目のデートで私から告白をしました。

彼の答えは、仕事が忙しいことと今までの経験から「今は彼女を作れない」。「ただ、みゆといるのは落ち着くから申し訳ない気持ちもある」と言われました。後半の言葉は私を気遣って言ってくれたのだと思います。告白後も、私から連絡をすれば時間を作って会ってくれるので、私はそれに甘えています。

彼とは、このままの関係でいいのでしょうか？　というのも、連休など、彼のお仕事に少し余裕が出そうな日には、何度か「昼間に外に出掛けない？」と誘ったことがあるのですが、いつも返事はなくてスルーされてしまいます。最近は、話のネタも尽きてきて会話の弾まない時間が増え、家デートではもっぱら音楽を聞いたりテレビを見ながら二人でお酒を飲んでいます。

今のところ、沈黙が息苦しいとは思いませんが、今後もこの状況が続くのならば、彼との関係をセフレだと割り切るか、彼が振り向いてくれるのを期待して待っていても良いのか悩んでいます。ちなみに、彼は嘘をつくのが下手で、何を考えているのかなんとなくわかる人です。ＫＥＮＪＩさんはどう思いますか？　お言葉をお待ちしております。

美タミン注入

「ただ、みゆといるのは落ち着くから申し訳ない気持ちもある」という言葉は、アナタを気遣ったのではなく、これまで通り、彼にとって都合の良い関係を継続させるための言葉でしょうが。彼との関係をすぐに断ち切ることをオススメするわ。そもそも、アナタ自身が〝セフレ〟って認めちゃっているじゃないの。そんな関係、一旦断ち切らないと大変よ‼　どちらかが恋心を抱いている時点でセフレ関係は成立しないのよ！

断ち切らずに恋愛対象としてその殿方と向き合いたいのだとしても、ちょっと距離を置いたほうが良いと思うわ。今のような中途半端なお付き合いでは、殿方を余計に遠ざけてしまうだけ。**ダメ男はダメ女が作る**のよ‼　アナタ方は近づきすぎてしまったの。一度遠くからその殿方をよく見てご覧なさい。

何年も片思いを続ける意味はあるのでしょうか

ざくろ（27歳）

私は生まれてこの方、一度も殿方と付き合ったことがなく、三十路手前ですが男性経験もありません。言い訳じみていますが、過去には私を好いてくれた殿方もいました。しかし、私の気持ちが追いつかなかったのでお断りしてしまい、私から好きになった殿方とは、みんな片思いが実ることなく終わってしまいました。

そして今、また懲りもせず職場の先輩に片思いしています。かれこれ一年以上……こんなに長く一人のことを思い続けているのは久々なので、自分でもびっくりです。私自身、それまでのボーイッシュな見た目から一変、髪を伸ばし、ダイエットもして、少しでも外見が女性らしく見えるように頑張りました。

その後、周りからは「変わったね」と言われ、彼とは複数人で飲みに行く仲にもなれたのですが、彼は私の気持ちを知ってか知らずか〝気のないそぶり〟が続いていました。

年明けごろ「やっぱり不毛な片思いはやめよう」と彼への思いを断ち切る決意をしました。それが最近、何だか思わせぶりな態度を示されていて……非常に心が揺れています。用もなく隣に座ってきたり、私の仕事ぶりを見ていたり、冗談だと思いますが、私のことを「可愛い」と連呼したり、「俺のこと好きなんだろ」的なことを言われたりして、決意が揺らいでしまいそうです。

彼にとらわれずに新たな出会いを求めるべきか、彼への気持ちは断ち切らなくても良いのか悩んでいます。客観的に見て、何年も片思いを続ける意味はあるのかということも伺いたいです。

美タミン注入

今の彼との関係を、良くも悪くも壊す勇気がアナタにはないのね。本当に好きなら「当たって砕けろ」の精神で捨て身のアタックを仕掛けてもいいし、今の状況が嫌なら素直に気持ちを伝えるべき。いずれにしても中途半端だから悩んでしまうのよ。もし何かアクションを起こして関係がこじれたら、それまでの殿方だってこと。**まずは、自分の気持ちを相手に伝えないと何も始まらない**わ。

「何年も片思いを続ける意味はあるのか」ですって⁉　意味うんぬんではなく……好きなものは好き。それ以上でも以下でもないわ。その気持ちを自分の中でどう整理するかが重要なの。何もしないでこっそりと恋心を育んでいるだけでは、それまでの経験しか積めないわ。勉強する感覚で体当たりしなさいよ！　むしろ、気になる彼が積極的に来ているのに、乗っからないでどうするの。素直になりなさい！

汚《お》任《まか》せブス

（恋愛の舵取りを殿方に任せっきりの人。）

［口癖］「ま、いっか」「私が我慢すれば済む」
［特徴］寂しがり屋で押しに弱く、恋愛依存体質。

恋愛の主導権はアナタが握りなさい。**何ひとつ舵の取れない恋愛ならば、よっぽど暇な方以外は身を引くことをオススメ**するわ。それと、割り切れないのであれば、中途半端な関係を築かないこと。途中から気持ちが入ってしまった時は、すぐに距離を保ちなさい。お互いが「都合の良い関係」と思えない場合は、どちらにとっても息苦しいだけ。そんな相手と一緒にいても何も生まれないわ。

アナタ方が、このまま相手のペースに巻き込まれ続ければ、いつか「ごめん……結婚することになった」なんて突然言われることだってあるかもしれないわよ。「彼のことが好き」という一方通行な気持ちだけでは本当の幸せは訪れないの。

汚任せブスちゃんたちの状況で、「好きだから信じてみよう」と思うことは自分を洗脳する呪文のようなものでしかないわ。信じたい気持ちや、好きな人がいる時の楽しさもわかるけど、そんな儚いモノにすがるのはお止めなさい。

遊びや恋には期限があり、愛には永遠という言葉が相応しいわね。相手のことを愛し続けることができるのか、そもそも彼から愛を感じるのか……一度考えてみてはいかがかしら。

そして、ざくろさんのように『ボディコミュニケーションの頻度だけ異様なほど上がって、普段のコミュニケーションが下がってきた』という場合……。恋愛は自由ですし、どんな入り口かなんて今更何を言ってもしょうがないわ。でもね、その後、恋愛には発展しづらいとアタシは思うの。**体から入った関係で、長く続いている人って本当に珍しい**のよ。

……とはいえ、アナタ方も本当はすべてわかっているんじゃないかしら？　殿方にとって自分はセフレ止まりで、この先の関係が好転することはないことを。彼を遠くから見たら、今の関係が崩れることとも。でもこの本を開いてくれたってことは、現状を変えたいのよね？　だとしたら目を背けずに現実を見なさい！

五 失恋汚ブスたち

元カレが忘れられません

りりさん（20歳）

高校時代の元彼（18歳年上）が忘れられません。高一から付き合い始め、高三のころ突然連絡が取れなくなって、それっきりです。電話番号も変更されています。

他の人と付き合ってもまったく好きになれず、その彼と比べてしまい何も魅力を感じません。前の彼が絶対的すぎて、彼以外の男の人を下に見ているし、バカにしています。どうすれば元彼の呪縛から逃れることができますか？　助けてください。

美タミン注入

そんな終わり方だと気持ちの整理がつかなくて、なかなか先に進めないわよね。さらに、18歳も年上の殿方は、アナタの希望を100％叶えてくれたのでしょうね。でも、区切りをしっかりつけられない殿方の何が魅力なのか……アタシにはわからないわ。

りりさん、人を見下したりバカにしてしまっては、いつの間にか一人ぼっちになってしまい、何かあった時に誰も助けてくれなくなっちゃうわよ……同じように他人を見下しがちな女性全員に言えることなんだけどね。相手をバカにしていると、知らない内に傲慢な態度をとってしまうのよ。そんなアナタに嫌気がさした時、殿方は逃げるようにアナタの前から消えてしまうわよ。**彼女が手に負えなくなったら、男はもう逃げるしか手段がないのですから……。**

元旦那との思い出の品の処分方法を教えてください

うに（32歳）

この度、旦那と離婚することになり、結婚式の写真をはじめとする、結婚生活の思い出の品を詰めた箱の処分方法に悩んでいます。

私は離婚を切り出された側なので、今すぐ処分して思い出を切り離すことはできません。未練がましいかもしれませんが、もう少しだけ手元に残しておきたいという気持ちがあります。だからと言って、引っ越し先に持って行くのは何となく嫌で避けたいですし、実家に保管するのも違う気がします……。どうしたら良いのでしょうか？　ＫＥＮＪＩさんのお知恵をお貸しいただきたいです。

美タミン注入

「そんなモノとっとと捨てて新たな人生を切り開きなさい!!」なんて傷口に塩を揉み込むようなことを言う人もいると思うわ。たしかにその通りなのよ。でもね、モノを処分するということは、気持ちを整理する上で糸口にはなるかもしれないけど、解決にはならないのよ。実際、モノなんて捨てようと思えばいつでも捨てられるわ。アナタの心の中が整理整頓できれば、悩まずに「もういらない」って思える日が必ず来るの。その日まで待っても良いんじゃないかしら?

次へ進むためには、思い出の品を引っ越し先や実家に持っていくのではなく、**有料レンタルボックスへすべて預けること**をオススメするわ。レンタルボックスにかかる月々の費用がだんだんバカバカしくなってきて、いずれ自分の意思で「処分したい」と思えるわよ。

汚《お》もい出《で》ブス（過去の殿方を上手く整理できない人。）

［口癖］「あの時は幸せだったな」「ああしておけば良かった」
［特徴］何事においても後悔しやすく、自分の殻にこもりがち。

失恋引きずリーナなアナタ方には、時間と勇気が必要ね。人生には楽しい時期もあれば辛い時期もあるの。辛い時期を経験しないと次のステージにはイケないわ〜。

そもそも、過去の恋愛を引きずる人って、告白しなかったことや浮気したことなど、自分の行動が失恋に繋がっていて、「やり残した」「後悔している」っていうパターンが多いのよね。もし心当たりのある汚もい出ブスちゃんたちは、後悔してもしょうがないわよ？　むしろ早く失敗できてよかったじゃない！　その失敗が、次の恋やこれからの人生に活かせるように、ウジウジしている暇があったら行動しなさい。

そして、別れた殿方への思いは、時間が経てば良き思い出に変わるわ。「時間が解決してくれる」ってよく言うけど、本当にその通りなの。モノや殿方自身への執着も時が来れば薄れていくものよ。ただ……過去を割り切った人限定でね！　そう、**彼を見返すぐらい幸せでイイ女を目指す**のよ!!

今の時代、どんな男でも寂しくなったらＳＮＳで元カノを検索するわ。その時に、殿方と付き合っていた頃よりも綺麗な姿で、幸せそうに生活しているアナタを目にさせるのよ。「あの時、別れなければよかった」と思わせるぐらい「女」を磨いてみなさい！　「元彼がよかったな」「元旦那との思い出の品……どうしよう」なんてアナタが悩んでどうするの。成長しなさい！

まず初めに、視界に入ると思い出が蘇りそうな品をすべてレンタルボックスに預けて、携帯の機種変もして、気持ちを切り替えることをオススメするわ。

一度途切れてしまった縁は、二度と戻ることはないの。振り返る時間は解決には繋がらないわ。恋愛で大切なことは**記録よりも記憶に留めておくこと**よ。失恋に浸ってみたり、思いっきり泣くことって、辛いけど心地良さもあるのよね。だから、あえて殻に閉じこもることもあるでしょう。でも、殻を破って現実と向き合わない限り幸せにはなれないわよ。

六 自身喪失汚ブスたち

好きな人に振り向いてもらえたことがありません

こんぶ（29歳）

私は好きな人に振り向いてもらえたことがありません。今までの彼氏とは告白されて付き合ってきました。でもそういう人とは結局長続きせず、「次は必ず好きな人と付き合おう！」と決めて早二年……いまだに彼氏はいません。好きな人に好きになってもらえたことがないため、もし気になる人ができたとしても自分に自信が持てず、上手くアプローチができないんです。今後ひとりで生きていくにしても、自信がほしいです。自分に自信を持つにはどうしたら良いのでしょうか??

美タミン注入

自分に自信のない人って「過去の失敗」を分析しすぎなのよね。自分の頭の中だけで分析し続けたって堂々巡りするだけ。チャンスは皆平等だけど、チャンスを掴めるのは「行動している人」だけよ。友達の紹介、合コン、婚活パーティ、ＳＮＳ……異性と出会うきっかけなんて、いくらでもあるじゃない！　何でも良いからとりあえず行動してみなさい。万が一失敗したとしても、ただ失敗を分析し続けて、思い悩む日々に比べたらよっぽどましだわ！

自信は持つものではなく、付けていくものよ。美容室でスタイリングをしてもらった時に、鏡に映った自分の姿がなんだか自信に満ち溢れて見えることってないかしら。自分の良さなんて自分ではわからないってこと。自意識過剰になるのではなく、自分を客観視してみてはいかがかしら？

長く付き合うことができません

みよたそ（21歳）

私は今まで、一人の男の人と長く付き合えたことがありません。一番長く付き合った人で一年半、平均二～三カ月で別れてしまいます。自然消滅、相手の浮気、喧嘩など別れた理由はさまざまです。

友人には「みよたそが好きになる男性のタイプに問題がある」と言われました。確かに私がお付き合いする男性は、肉食系で積極的な方が多く、気分屋だったり、自分のこだわりが強くて妥協が出来なかったり、恋愛感情が冷めるスピードも早い人ばかりでした。

でも、私自身が受け身なので、元彼たちのようにグイグイとアプローチしてくれる方でないと進展しないため、いつもそういう男性を選んでしまいます。もしかしたら、穏やかで優しい男性とだったら長くお付き合いできるのかもしれませんし、私自身「次は穏やかな人とお付き合いしたい！」と思ってはいるのですが、そういう方に魅力を感じたことはありません。その上、もし今後、元彼たちとは正反対で素敵な方と出会えたとしても、控え目な男性とどのように恋愛を進展させれば良いのかわかりません。

私は、男性の好きなタイプを変えるべきなのでしょうか。それとも、相手うんぬんではなく私の問題なのでしょうか。早く次の恋がしたいのですが、自分の見る目や恋愛自体に自信がありません。でも「いつかは結婚したい」とも思っているので、こんな状況を変えたいです。ＫＥＮＪＩさん、こんな恋愛下手な私に美ンタをお願いします！

美タミン注入

きっと、今までそういう殿方を引っ掛ける網かけ漁しかしてこなかったのよね。「穏やかで優しい男性」の漁場に網を投げてみてはいかがかしら。**今まで男性からアプローチを受けてきたアナタなら、相手の心に響く仕掛けを知っているはず。**自分のことをよく思い返してみて。

そして、今までの彼は本当に気分屋だったのかしら？「気分」という言葉で片付けてしまっていない？ 彼の気持ちを理解しようとしていたの？ 特別な能力でもない限り、相手の気持ちなんて読めないのだから、すれ違うのは当然のこと!! 考えていることなんて、教えてもらわないとわかるわけないじゃないの!! 相手のことを自分の頭の中だけで考えるだけ考えて、悩んだ挙げ句に疲れてしまうぐらいだったら、ちゃんと話し合ってスッキリさせればいいのよ。

汚《お》じけブス

（自己評価がとてつもなく低い人。）

[口癖]「私のこと嫌い？」「どうせ私なんて」

[特徴]やたらと他人と比べがちで、彼氏の前では聞き役に徹する。

恋愛シクジリーナなアナタ方は、自分に自信がなさすぎるわ。好きな人には好かれなくても、アナタのことが好きな人とお付き合いしてきたんでしょ？　なのに「自分に自信がない」「すぐ別れちゃう」って……元彼たちをバカにしてることにお気付きかしら？「好きな人に振り向いてもらえないこと」「彼氏とすぐに別れちゃうこと」なんてマイナス面よりも、**「誰かに好きになってもらえた自分」を評価しなさいよ！**

自分に自信がない人って恋愛に対して謙虚になりすぎてしまって、都合の良い女になりがちなのよね。自分の意見を言って嫌われるくらいだったら、殿方に合わせたほうが楽だもの。でもそんな恋愛、長続きしないのも無理ないわよ。自分の言葉で気持ちを伝えられないのなら、一回目のデートで「I♥YOU」のメッセージ入りTシャツを着てアピールするのはどうかしら。「大胆すぎる」ですって？　二回目のデートで相手が「I WANT YOU！」っていうメッセージ入りTシャツを着てきたら完璧じゃない。本当にお似合いよ！

汚じけブスちゃんたちは、自分のことをやたらと低く見積もって、恋愛を難しく考えすぎなの。気持ちを伝えないことで殿方との関係性が対等じゃなくなったり、自信がなくて束縛しすぎてしまったり……。せっかく自分のことを「好き」って言ってくれている殿方なのに、もったいないわよ〜。そんな殿方の無駄遣いをするのでしたら、その殿方をアタシにわけてちょうだい！　やだ、おカマいなく〜♪

そして、受け身しか知らないのであれば、攻めの恋愛を覚えれば良いんじゃないかしら？　**受け身は攻めの裏返し、どんなこともリバーシブルなのよ♪**　今までどんな猛烈アタックを受けてきたのかはわからないけど、殿方から積極的にアプローチを受けたことがあるのであれば、どんなアプローチをすれば相手の心に響くのかわかるでしょ？

まずは殿方に対してフラットな気持ちで、自分の気持ちを素直に伝えてみなさい。同じ失敗を繰り返すよりはよっぽどマシじゃないかしら。

第二章　恋人との関係に疲れた貴女へ

七　言えない汚ブスたち

家事もせず生活費も払わない彼氏がいます

さゆ（24歳）

付き合って二年経つ彼氏が、一年半前から私の家に居候しています。最初は彼も家事をしていたのですが、いつの間にか私が全部負担していて「おかしいと思う」と伝えても一時しか変わりません。さらに、食費以外はすべて私が払っていたのですが、時間が経つにつれて食費もほぼ私もちになっています。私から彼に言わなきゃいけないことはわかっているのですが、なかなか言い出せません。周りの友達には別れるべきだと言われますが……。ＫＥＮＪＩさん助けてください。

美タミン注入

いやいや、すぐに別れなさいよ。アナタが甘やかし続けているから、殿方のボーダーラインがどんどん下がっていき、好き勝手行動し出すの。そんな殿方は運命の赤い糸ではなく金ズルヒモ男よ！

アナタは殿方との距離がすべてにおいて近すぎるわね。恋人同士だって夫婦だって、うまく距離を保たないと、どちらかが依存してしまったり、負担を抱えたり……視界が狭まっていることに気付けなくなっちゃうのよ。恋愛に限らず、どんなことでも深入りすると、自分の感覚が鈍ってしまって負のスパイラルへと引きずり込まれちゃうものよ。今すぐ殿方を外に干してさっさと干物にしちゃいなさい。心を鬼にしたことがないかもしれないけど、鬼のお面を付けてでもいいからその男を追い出すの。鬼は〜外!!

彼氏と二カ月連絡が取れません

ゆうさん（23歳）

付き合って半年になる中距離恋愛をしている彼（24）と、二カ月ほど連絡が取れません。きっと私への興味がなくなってきたのだと思います。

理由は、私が「好き」という気持ちを伝えるのが下手だったり、彼の仕事を考えて「会いたい」などの意思表示をしてこなかったからだと思います。今の状況を冷静に考えると諦めるべきなのはわかっていますが、まだ好きなので、もう一度しっかりと私の気持ちを伝えようと思っています。その場合、復縁できる可能性が少しでも高いのは、「今すぐに連絡する」「期間を置いて連絡する」どちらなのでしょうか？

厚カマしいご相談で申し訳ありませんが、教えていただけませんか？

美タミン注入

ホントに厚カマしい相談ね……ってちょっと！　誰がカマなのよ！　そんなことを言ってる暇があったらさっさと連絡しなさいよ！　ゆうさんが好きになったということは、魅力的な殿方なのよね？　素敵な殿方をどこの誰が放っておくのよ！　あ……ごめんなさい。ゆうさんが放っておいたのよね。他の女の影が見えてもおかしくはないんじゃないかしら。逆に、放置していたにもかかわらず誰もいないほうが不自然だわ。その場合はたいして魅力がない男だった＝アナタには男を見る目がないってことよ！

本気で諦めたくないなら、どうして**「今すぐ会いに行って直接気持ちを伝える」っていう選択肢がここで出てこないのよ。**アタシだったら、荷物を抱えて殿方の自宅へ乗り込むけどね。

彼氏の女友達に嫉妬してしまいます

もこ（29歳）

半年前から付き合っている彼氏が、今度地元の男女の友人10人と旅行へ行くそうです。彼の地元は繋がりがとても強く、私と一緒にいる時もよく話題に出てきます。彼にとって地元の友人たちはとても大切な存在だとわかっているので、笑顔で「いってらっしゃい」と言いましたが、本当は女性とお泊まりなんて嫉妬で狂いそうです。

そもそも、彼はいつも地元の仲間たちと遊んでいるのに、何で外の人間である私と付き合っているのか……彼の気持ちもわからないし、彼と付き合い続けていく自信がなくなってきてしまいました。ＫＥＮＪＩさん、この気持ちを彼に伝えても良いのでしょうか？

美タミン注入

今すぐ伝えなさいよ！　〝異性の友達に対する価値観〟って本当に人それぞれなの。殿方が異性の友達に対して、どんな価値観を持っているのか確認しなさい。それを聞いて、アタナ自身はどう思ったのかも伝えるの。もし、彼が「男だろうが女だろうが友達は友達」というタイプの場合は、頻繁に話題に出したり、一緒に旅行へ行くことに対して、悪気どころか、アナタが傷ついていることさえ気付いてないと思うわ。

結局は**「友人に対する恋愛感情のあり／なし」なんて問題ではなく、大切なパートナーに対して配慮が足りないのよね。**もこさん、そんなに嫌なことを耐える必要なんてないとアタシは思うわ。「いってらっしゃい」じゃなくて「アタシもついていくけど何か？」って、荷物まとめて一緒に家を出てやりなさい。

汚《お》レ様《さま》製造《せいぞう》ブス

（殿方を俺様×ダメ男に育成してしまう人。）

［口癖］「私がいないと彼はダメになる」「彼を何とかしてあげたい」

［特徴］自立していてプライドが高そうに見える。世話好き。

汚レ様製造ブスちゃんの特徴は、殿方の要求がどんどんエスカレートしていってもズルズルお付き合いを続けてしまうこと。つけ上がった殿方は、アナタの「嫌」と言えない性格を逆手に取って、どんどん自分の都合良いように二人の環境をカスタマイズしていくの。

殿方の顔色を伺って、自分の気持ちも伝えずに合わせているだけなんて……それは彼女じゃなくてロボットよ。このタイプの汚ブスちゃんって「恋愛に我慢はつきもの」「我慢することが優しさ」と思いがちなのよね。そりゃもちろん自分勝手で何の我慢もできない女性はＮＧだけど、**アナタ方の優しさは思いやりではなく、ただの毒よ。**もっと自己主張なさい！　汚レ様な男には、ワガママで面倒くさい女ぐらいがちょうどいいのよ。

でもね、中には「悪気のないワガママ男」もいるのよ。「無意識のうちに家事を疎かにしていた」「女友達と旅行に行くのは普通だと思っていた」なんてね。違う人間なんだから、価値観が違うのは当たり前のこと。お互いに歩み寄って、「これなら許せる」っていうボーダーラインを見つけていくの。

重要なポイントは「伝え方」よ。「何でわかってくれないのよ！」と気持ちをぶつけても、向こうは「？？？」状態。アナタの意見や価値観を冷静に説明するの。ただ、伝えたところで「殿方の価値観は変わらないこと」は覚悟なさい。

良く見ておくべきは、伝えた後の「殿方の反応」よ！　もし、上っ面な解答だけが返ってきたら、アナタのことは何も考えていないから、その先のお付き合い自体考えたほうが良いかもしれないわ。でも、もしアナタが不安にならない方法を彼なりに練ってきたら、一度その作戦に乗ってみてあげて。試した結果それでも安心できない場合は、また伝えて……これを繰り返すのよ。すごい面倒くさいと思うかもしれないけど、それを繰り返すことで、どちらかだけが負担を背負うのでなく、お互いが納得できる策を見つけていくの。しっかり殿方と向き合いなさい！

二　プロポーズ待ちぼうけ汚ブスたち

彼氏に「結婚したいけど、お前を幸せにする自信がない」と言われました

ナナさん（26歳）

三カ月前に元彼と十年ぶりに偶然再会したことで、また頻繁に会うようになりました。しかし、彼がどういう気持ちで私と遊んでいるのかわかりません……。

彼は「半年前に元カノと婚約破棄した」と話していました。原因は元カノの二股、援助交際、借金とのこと。

最近になって「ナナのことが好きなんだ」と彼の職場の人たちの前で言われるようになったのですが、正式に「付き合おう」とは言ってくれません。先日彼と二人で旅行にも行ったのですが、同じ部屋で寝泊まりしても男女の関係はなく、おやすみのキスをするだけです。

この状況に耐えかねて、私から「付き合って欲しい」と言ったことはあります。彼の返事は「結婚も考える歳だし（付き合うかどうかは）真剣に考えたい。でも今の俺にはお前を幸せにできる自信がない。それに、俺たち前に付き合って別れたんだから、もしまた付き合って別れたとしたら今度こそ顔も合わせられなくなるでしょ。でも俺にとってお前は完璧だし、結婚もしたいと思ってる。だから、ちょっと待っててほしい」と言われました。

彼は結婚願望が強く、結婚に憧れを持っている人なのですが、やっぱり私はキープされているだけでしょうか？

美タミン注入

どうすれば殿方にナナさんを幸せにできる自信が付くのか、具体的な事項をあげてもらいなさい。聞いても何も浮かばないようなら、一刻も早く離れることをオススメするわ。盛り上がっている気持ちを押し殺し、心を鬼にして連絡先を消しなさい。**元サヤに戻るってことはね、少しでも二人の関係が前進していかないと本当に無駄な時間を過ごすことになるの。**「ひとりは寂しいから」なんて理由で一緒にいたって何も生まれないのよ!!

美化された思い出だけがよみがえって勘違いしている部分はない？　目を覚ましなさい。ただひとつだけ言わせてもらえば……アタシは「お前を幸せにできる自信がない」なんて言えちゃう人に、結婚願望が強いなんて言ってもらいたくないわ。

精子の量が少ない彼氏と結婚するか悩んでいます

ぬんちゃ（32歳）

私には七年間付き合っている彼氏がいます。同棲生活も長く、彼のことは好きですし婚約もしているのですが、結婚に踏み切れません。

というのも、何度セックスしても、この七年間一度も赤ちゃんが出来ないので心配になって各自検査をしました。そしたら、彼の精子がかなり少ないことが判明したんです。

私自身、今は何も気にしていませんが、もし結婚しても子供が出来なかった場合「いつか彼を責めちゃうのかな？」とか、周りの友達が出産するたびに「いつか私は友達のことを妬んじゃうのかな?」などと勝手に想像してしまい、誰にもわからない未来を勝手に想像しては悲劇のヒロインになっています。

さらに、彼への気持ちも付き合いが長いせいか、最近は「恋愛」というより「人間愛」のようになってきています。結婚はしていないものの、家族のような存在です。もしかしたら、ときめきのない毎日につまらなさを感じていることも籍を入れたくない理由なのかな?　とも思っています。

私の両親は、いい加減入籍して落ち着いてほしいと思っているようですが、彼の精子のことを知ってからは、将来のことを考えれば考えるほど、彼との結婚に対して腰が重くなっています。

現在も同棲生活は続けているものの、入籍を躊躇している状態です。こんな私を、ぶっとばしてください。

美タミン注入

アナタは彼と結婚したいのではなくて、子供がほしいのかしら？　もし彼と結婚したいのであれば、**周りは周り、アナタはアナタでしょう。**世の中にはね、子供がいなくても、幸せな結婚生活を送っているご夫婦だってたくさんいるわよ。それに、もし今の殿方とお別れして、別の妊娠しやすい殿方と出会って一緒になったって、今のアナタのままでは他の部分に不満を抱き、結局〝悲劇のヒロイン〟を気取るハメになるんじゃないかしら。

そして「人間愛」だって素敵な愛には変わりないわよ。アナタの一番良くないところは「勝手にネガティブな妄想をして決めつけること」。悲劇のヒロインぶってる暇があったら、なぜ彼と七年間も一緒にいたのか考えてみなさい。過去はリセットできないけど、未来のリセットはいくらでもできるわよ。

バツ1子持ちの彼氏が結婚してくれません

mocaさん（30歳）

14歳年上の彼氏と二年間お付き合いしています。彼は知り合った当初から「バツ1で高校生の息子と同居している」とは聞いていました。しかし、私は当時既に30歳に近づいていたこともあり「結婚を考えられないのであれば、アナタとは付き合えない」という旨は話していました。その時、彼は「mocaと結婚するかはまだわからないから後々考えていきたいと思ってる。でも、相手や時期はともかく、いつか再婚自体はしたい」と言っていました。

とはいえ、その後も何度か「私との結婚についてどう考えているのか」という話し合いをしてきましたが、彼は「今は息子のこともあって、『必ず幸せにする』とは断言できない。もう少し考えさせてほしい」と言われ続けています。「彼と結婚したい！」と考えていた私は悩み始めました。

そんな彼と煮え切らない状況が続いていた時に、10歳年上の別の男性と知り合いました。結婚はしていないと思うのですが、あくまで憶測に過ぎず、彼女がいるかさえも怖くて聞いていません。「私には聞く資格なんてない」と自分に言い聞かせています。新しい彼とは趣味・嗜好が似ている部分が多くて、話していると時間を忘れてしまうほど楽しく、新鮮で刺激的なので心が揺らいでいます。

今の彼氏と結婚することを決意して、今まで通り話し合いをしながら、彼の覚悟が固まるのを待つべきなのか、彼氏との関係を清算して新しい彼など次の恋へ進むべきなのか……私はどちらを選べば良いのでしょうか。ＫＥＮＪＩさん、厳しいビンタをお願いします！

美タミン注入

「歳も歳だし、次の保険がないと別れる勇気がでない……」なんてお考えかもしれないけど、結婚したいのよね？　ならば今の殿方と、今の状態で付き合い続ける意味ってあるのかしら。殿方は決断しなくても付いてきてくれるアナタに甘えているのよ。ただでさえ多くの殿方は優柔不断。【結婚印籠】を突きつけても真剣に考えられる人なんて少ないのよ。

もし結婚を目標にするのであれば、まず新しい彼をリサーチしなさい。「殿方に彼女がいるのか聞く資格がない」のではなく「勇気がない」だけでしょうが!!　でも、もし彼女や奥様がいたら……それこそ無駄な労力だと思わない？　**結婚したいのか、なぜ今の彼氏と一緒にいるのか。**自分の気持ちと向き合ってみれば、おのずと答えは出ると思います。

汚《お》も い悩《なや》みブス

（悩みすぎて大事なことが見えなくなってしまった本末転倒な人。）

［口癖］「（腑に落ちなくても）わかった」
「出会わなきゃよかった」
［特徴］物事の一面だけを見て決めつけやすく、結果を急いで求めたがる。

「私はキープなのか？」「子供ができないかもしれない」「次の恋へ行くべき？」ってね……アナタ方は何を求めているのよ！　現在の殿方と一緒にいたいの？　今すぐ結婚がしたいの？

お金？

身体？

心？

子供？

結果を早く求める汚もい悩みブスちゃんたちは、すぐに視野が狭くなってしまうから、何事においても目的を明確にできていないのよね。やみくもに行動するのではなく、「なぜだろう？」と自分の中で考え、落としこむ時間を作ってみてはいかがかしら？

そして、すべてを相手のせいにして悩むのもお止めなさい。誰だって結婚する前は「本当にこの人で良いのかな?」って少なからず悩むものよね。女性と同様に殿方だって悩むのよ、当然でしょう。殿方の中には、女性から「結婚したい」と言われると悩んでしまうなんて人もいるわよ。彼女や殿方自身がある程度の年齢になればば「いつかはしないとなあ……」とぼんやりと思うようになるの。そんな時に彼女から追い打ちをかけられれば、殿方はプレッシャーを感じて尻ごみしてしまったり……状況はさまざまだけどね。だからこそ、今のアナタが求めているモノを明確にすることが重要なのよ!

そして、何だか勘違いしているようだけど、アタシから見れば今のアナタ方は充分幸せよ。**どうしたら幸せになるのかではなく、今の幸せに気付くことから始めなさい!** それでも今の殿方では、アナタ方の求めている幸せに辿り着けないのであればば、納得のいくまで他の人を探してもいいと思うわ。自分の人生だもの。「彼以上の人は現れない」と思うのであれば、アナタが成長するしかないのではないかしら。

九 こんなはずじゃなかった汚ブスたち

同居が迫っている義家族が苦手です

げんも（38歳）

三年付き合った彼と結婚してもうすぐ一年になります。彼の実家は農家なので、いずれは実家近辺に住むか同居をすると言われており、私もある程度は納得していました。しかし最近、義母の発言や実家の近くに住んでいる義姉の態度が気になって、辛いことが多いです。

義姉には不妊治療で授かった息子（3）がいるのですが、尋常じゃないほど甘やかし、我儘したい放題にさせています。義姉にとって〝大事な子供〟という気持ちはわかりますが、あのままでは「子供が可哀想なのでは……」と思うほどです。その上、義姉は偉そうに子育ての話をしてきます。私は子供の成育関係の仕事をしていたので腹立たしいこともありますが、今はなんとか我慢している状態です。

そして義母。当初は義母自身に「家業の手伝いはしなくて良いよ」と言われていたのに、今では「なんで毎日手伝いに来ないの？」という態度になってきました。

私には資格職があり、今後も続けていくつもりですが、現在は不妊治療を始めたため退職しています。幸いなことに、彼と義父は優しくてとても親切なのですが、「いつか義母と義姉に囲まれて生活する日が来るのか……」と思うと辛い気持ちになり、将来のことを悩んでしまいます。この心のやり場をどうしたら良いのでしょうか。助言をお願いします。

美タミン注入

まぁー、心が休まらない環境ね。お気持ちお察しするわ。アナタの言う通り「お義父様と旦那様は親切」という点が唯一の救いではないでしょうか。無理なものは誰だって無理よ。我慢しすぎてしまうと、アナタまで汚ブスに染まってしまうわ!! そうなる前に旦那様に今の不安な心境を相談してみてはいかがかしら? ひとりで抱え込むのではなく、極力ストレスを抱えないように工夫して生活すべきだとアタシは思うわ。

難しいのは、**どんな家族であっても、愚痴や悪口になってしまってはイケない**ということ。「これが嫌!」「こんなのあり得ない!」と溜まったものをヒステリックに吐き出すのではなく、「苦手なんだよね……」と相談してみて。そのままではアナタまで汚ブスになってしまうわよ。

バツ2の事実を旦那に隠されていました

ぶん（23歳）

バツ1と聞いていた28歳年上の旦那が、実はバツ2でした。交際中にバツ2とも思える写真を見つけたのですが、当時は何もせず放置。そのうち妊娠が発覚して入籍しました。最近になってその写真の存在を思い出し、彼の戸籍を調べてみると、案の定バツ2で離婚一カ月後に再婚、その半年後に子供が生まれていました。不倫デキ婚ってことですよね……。

こんな大事なことを隠していたなんて許せません。でも子供のことは可愛がっていて面倒もちゃんと見てくれますし、家事もしてくれたり、とても良い旦那だとは思います。「子供のため」と我慢して結婚生活を続けるべきでしょうか?

美タミン注入

もちろん嘘をついた殿方は悪いわ。とはいえ、お別れすることを決めたとしても感情的になってはダメよ。しっかりとアナタの身の周りの環境を整えた上で、理性を保って行動しなさい。アタシは急ぐことではないと思うわ。アナタもまだ23歳だし、子供がもう少し大きくなってからでも遅くはないと思うの。

それにね、「とても良い旦那さん」だと思うなら、まだ修復の余地はあるのではないかしら。もちろん「許す」ということは容易ではないわ。でも、結婚したということは、一度は信じてみようと決意した相手でしょ？　**信用できなくなったからといって一方的に突き放すのではなく、「許すことはできないか」考えてみても良いかもしれないわよ。**何だかアタシは「なぜ殿方は嘘をついたのか」気になるのよね〜。現状からただただ逃げるのではなく、今を戦ってみなさい。

汚《お》い込《こ》まれブス

（周囲の人の不器用な人生に巻き込まれてしまった人。）

[口癖]「今度やろっと」「聞いてない！」

[特徴] 物物事を後回しにするため、予想外なことが起こると余裕がなくなる。

後悔先に立たず――人って本当に身勝手よね。でも、それって相手だけが悪いのかしら？　中には、相手は良かれと思って行動していることだってあるのよね。自分では気付いてないけど、自分の中だけのルールで「常識」と「非常識」を相手に押し付けてしまっていることも。さらに、相手の心情を理解する前に、「言わせない環境」を作ってしまっていることもあるわ。

殿方やご両親、誰でもいいから、悩みの種となっていることを打ち明けてみなさい。追い込まれて余裕がなくなっていると、何も見えなくなってしまうものよ。何事も当人だけで解決しようとしないで、頼れる人には頼るべきよ。

シナリオ通りにいかないと小言を言うのが女。横着を効率化と勘違いしているのが男。それぞれの特性を理解しながら、男女関係なく、どちらかが先に思いやりの心を持つことで状況は変わるわ。もうちょっと自分の価値観を柔軟にして、周りの人を少しずつ認める努力をしてみてはいかがかしら。

第三章
不倫の泥沼にズブズブの貴女へ

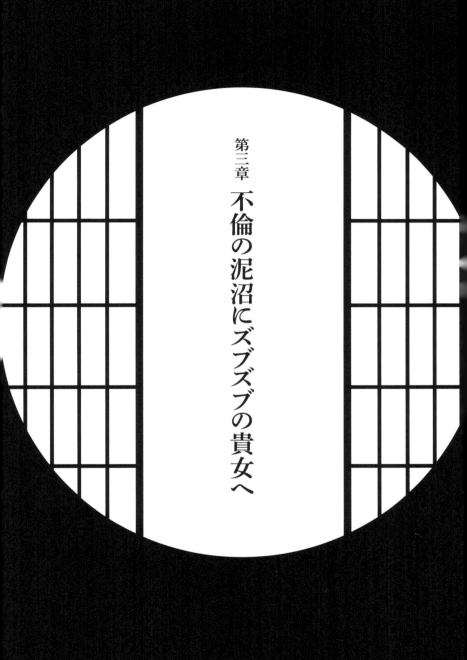

十 略奪汚ブスたち

彼氏が元奥さんの愚痴を言ってきます

とんとことん（22歳）

もうすぐ付き合って二年になる23歳年上の彼がいます。私が小学生のころからよく知っている人です。彼はバツ1で、私は元奥さんとも面識があり、元奥さんとはSNSでも繋がっています。

しかし、私と彼は、彼がまだ元奥さんと結婚していた時に、共通の趣味がきっかけで二人きりになることが多くなり、約七カ月間不倫をしていました。彼らの離婚が成立して一年が経とうとしているのですが……彼はまだ元奥さんのことが好きなのだと思います。私に「携帯見せて」と言っては私の携帯から、私のアカウントを通じて元奥さんのＳＮＳページを開き、「なんだこれ」「くだらない」などと言ったり、いまだに元奥さんの当時の愚痴を私に言ってきます。

私自身、何もかも元奥さんよりも劣っていると自負しているので、彼のそれらの行動から、「まだ好きなんだ……」と実感するたびに本当に嫌になります。私には、彼が話してくる〝元奥さんの愚痴〟が「あんなことあったな〜」「こんなこともしたな〜」という〝思い出話〟や〝惚気〟にしか聞こえないのです。

時に私が我慢できなくなり、彼の前でブスッとした表情をするなど不満を態度に出すと、彼の機嫌が悪くなります。私の心が狭いんですかね……。これからも私は、ただ「ウンウン」って聞き続けるしかないんですかね……。何か良い方法はありませんか？

美タミン注入

まず、厳しいことを言いますが、略奪愛の合言葉は「私は常に二番手よ」でお願いします。たとえ殿方の中でアナタが一番だったとしても、アナタが元奥様を意識している以上、ずっと些細なことが気になってしまうのよ。

殿方とは、女性をコレクションしたがる生き物よ。過去の女性がいつまでも自分のことを特別視していると思っている殿方って本当に多いのよね。では女性はどうかしら？　女性はヤドカリ。住みづらくなったら新しい住処を探し、見つけたら抜け殻と一緒に過去も捨ててしまうの。そんなヤドカリが思い出コレクターに向かって「過去を捨てて！」なんて伝えたところで思い通りになると思う？　目の前でデータを消させても、きっとどこかに保存してあるわよ。「私のいないところでやってちょうだい」と伝えるしかないわね。

援助交際で知り合った既婚男性と結婚を考えています

さな（29歳）

今付き合っている彼のことで相談です。彼とは三カ月前にいわゆる「割り切り」の相手として知り合いました。最初は楽しく会ってお金をもらうことだけが目的でしたが、段々とお互いに惹かれ合い、一カ月後には結婚を約束する仲になりました。

しかし彼は既婚者です。私と出会ったころには奥さんとの仲は冷え切っており、癒しを求めて割り切りをしていたそうです。彼は最近、奥さんに離婚の話を切り出しました。今では別居を始め、着々と離婚に向かっています。彼いわく、「離婚原因は奥さんのモラハラとか、僕の帰宅恐怖症とかいろいろあったんだよね。その中でさなはきっかけにすぎないよ」とのことです。しかしどんな理由であれ、傍から見ればただの略奪愛……「彼と幸せになりたい」だなんておこがましいのではないかと思っています。

私は彼と出会った二カ月後から、ずっと前から決まっていた留学のために海外へ来ています。期間は一年間です。今も彼とは毎日連絡を取っていて、帰国してから少し時間を置いて一緒になるつもりです。

先日彼は「半年後には離婚が決まる」と言っていました。不倫した後の離婚、そして不倫相手と再婚するのは彼の人生の問題であって、「私には関係ない」と言ってしまえばそれまでなのですが……罪悪感が拭えなかったり、周囲の声が気になってしまい、彼と結婚するという決意が揺らいでしまう時もあります。私にはまだ「誰がなんと言おうと自分の幸せは自分で決める!」という覚悟がないのかな……と思います。私は、自分の気持ちにどう折り合いを付ければいいのでしょうか?

ＫＥＮＪＩさんのアドバイスをください。

美タミン注入

入り口が入り口なら、出口も出口よ。**覚悟ができないのならば、一旦全てをリセットして、イチからやり直すのね。**中途半端はゼロに等しいのよ〜。あなたが掴もうとしている「幸せ」はオブラートでできた風船のようなもの。雨が降ったら濡れていつしか消えてなくなってしまうわ。そんなにももろい幸せなんて、本当の幸せではないと思うの。

もし今後も今の殿方と一緒にいたいのならば、もっと図太くなりなさい。じゃないと、今度はアナタが元奥様のように捨てられてしまうわよ。気を引き締めなさい。でも、異国の地でアナタに合う男性に出会ったら乗り換えても良いと思うわ。ご健闘をお祈りいたします。

汚《お》ぎないブス

（自分の幸せしか考えず、その代償を補っていない人。）

[口癖]「楽しいことないかな〜?」

「でも、今も充分幸せだし」

[特徴] 自己中心的な考え方。

押しに弱くてどこか強がり

人のモノを奪ったのだから、しこりが残るのは当たり前よ。アナタ方は、不倫の代償を補っていかなきゃならないの。道理にかなっていない関係を良好のまま続けるには、相当の覚悟が必要よ。なぜなら、多くの歴史は繰り返されるの。悲しい思いをしたくなければ、殿方と出会った経緯や、当時のやり取りを記憶に留めておきなさい。殿方は、元奥様の何が不満だったのかということも。そうすれば、殿方が不倫を繰り返す前に、そして既にどこかの女性と関係を持っていたとしても、早く気付くことができるかもしれないわ。

嫉妬や不安を抱える気持ちもわかるけど、**アナタは「初婚」、彼は「再婚」だということを忘れないで。**細かいことでいちいち目くじらを立てたって仕方がないのよ。今、殿方と一緒にいるのはアナタ。もっと自信を持ちなさい。

十一 二の足汚ブスたち

私には新しい彼氏がいるのですが、不倫相手の離婚が決まりました

maa（39歳）

六年前から不倫をしている彼と「結婚したい」と思っていたのですが、年齢的に「もう待てない」と悩んでいた時に、他の男性と出会いお付き合いを始めました。その時、不倫の彼に別れを告げようとしたのですが、ちょうど彼の離婚が決まってしまい、今二股をかけています。彼の離婚は、ずっと望んできたことではあります。でも新しい彼はとても誠実な人で、結婚前提とは言われていませんが大切にしてくれています。どうしたらいいのかわかりません。アドバイスをお願いします。

美タミン注入

自業自得でしょう。とはいえ、アナタの恋愛観を否定するつもりはないわ。だって、自分の幸せに対してまっすぐだから。もう乗り換えたのであれば、情に流されずその道に進みなさい。

今アナタは変わるチャンスよ。「自分が今後どうありたいのか」しっかりと考えて、**今まで目先の幸せを優先させてきたツケをしっかりと精算しなさい。**でないと、これからも行き当たりばったりで、流されっぱなしの人生になるわよ。

不倫を続けて、なおかつ新しい彼と二股をかけているアナタには充分すぎる落度があるの。はっきりさせない限り、幸せになんかなれないわ。心にぽっかり空いた穴は自分で塞ぐのよ。もっと自分に強くなりなさい。

ダブル不倫中の彼が離婚しました…私は夫に何も言えずにいます

新婚さん（27歳）

私は去年結婚したのですが、早くも不倫をしています。相手は前職で一緒だった家庭持ちの男性……ダブル不倫です。しかし、彼も私も本気になってしまいました。その後、彼は奥さんに私との関係がバレて離婚が確定したのですが、私はまだバレていません。私も「早く離婚して彼と一緒になりたい」とは思っているのですが、主人に離婚を切り出すことがなかなかできません。

不倫を打ち明ければ離婚すると思いますが、主人が傷つき狂ってしまわないか……と考えるとなかなか言えず、ひどい裏切りをしてしまったと後悔しています。不倫を打ち明けたいという気持ちは、自分が罪悪感から逃れたいだけなのでしょうか。

美タミン注入

ええ、逃れたいだけね。ダブル不倫もダブルドリブルも反則よ‼　そんなひとりで複数のボールを抱え込んだらダメ。そもそも、もし旦那様に不倫していることを伝えても許してくれちゃったらどうするのよ⁉　旦那様とやり直すワケ⁉　不倫相手は離婚したのに、アナタから「やっぱり終わりにしよう」なんて言われたら傷つくでしょうね。「不倫相手と一緒になりたい」なんて言っているけど、今のアナタにはすごく迷いを感じるわ。

それと、確かに後ろめたさを吐き出したい気持ちはわかるわ。でも、旦那さんに伝えたとしても、罪悪感は消えないの。アナタが打ち明けることで、旦那様にはマイナスなことしか残りません。**もう誰も傷つかないなんて道はないの。**その覚悟をしないと、結局は二人共傷つけてしまうことになるわよ。もっと潔く生きなさい。

汚《お》取《と》り替《か》えブス（二股しておきながら急に我に返る人）

[口癖]「何とかなる！」
「だって彼が…って言うから～」
[特徴] 八方美人だけど不器用で優柔不断。異性にモテる自分が大好き。

汚取り替えブスちゃんたちは、自分が不器用なことを自覚しなさい。「何とかなる」力量もないのに、先のことを考えなさすぎるのよ！　その無計画さが仇となり、いざ困った時には「旦那が〜」「不倫相手が〜」ってね……アナタの人生なのだからアナタに悔いが残らない選択をしなさいよ！　そうやって自分の意思をしっかり持たないから、今の状況に陥ってしまったの。最後に選ぶのは、不倫相手なのか、旦那様なのか。それともこれから出会う誰か？　それを決めるのはアナタでしょうが。辛い選択だと思うけど、今まで流され続けてきたツケを精算しなさい。

それともうひとつ。**女の恨みは怖いわよ〜。**自分の幸せばかり考えるのではなく、不倫相手の元奥様への対策も忘れずにね。「自分には内容証明が届くはずはない」とでも思ってるワケ？

十二 二番手汚ブスたち

社内不倫の彼に子供が産まれました

KAKA（33歳）

前の会社の先輩社員と、ひょんなことから身体の関係を持ってしまいました。きっかけは、滅多に行かない飲み会に参加したことです。飲み会には部署の上層部の人も参加していたり、私と先輩の間には三人ほど座っていたのですが、ひたすら私に話しかけてきてくれて、とても楽しかった記憶があります。最終的には、終電後に二人で飲みに繰り出すことになり、ｂａｒに連れて行かれ口説かれました。

その後、先輩が酔っぱらってしまい「ホテルで寝たいから眠るまで一緒にいて」と言われ、母性でホテルまで引率。そして流れで……。翌日、先輩から「なかったことにしよう」とメールをもらったのですが、結局その日から何カ月か非常に盛り上がり、昼夜問わず逢瀬を繰り返したこともありました。

先輩は結婚していて、私と関係を持った九カ月後には子供が生まれています。とはいえ、実は奥様の出産前夜にも連絡があり私と一泊していました。もう初めて関係を持ってから二年が経ちますが、私はいまだに先輩のことが気になっています。でも、私は今新しい職場におりますし、先輩もさすがに子供が1歳となると自分の時間が減り、なかなか会える機会はなくなってしまいました。私はこのまま、先輩が私のところへ来てくれることを待ち望んでいても良いのでしょうか？　ハマりすぎてしまった私に、ご意見をいただけたら嬉しいです。

美タミン注入

今、頻繁に会えなくなっているのは、アナタの職場が変わったことや、殿方のお子様に関する理由だけではないと思うの。家庭を捨ててアナタの元へ来ることは、まずないと思ったほうがいいわね。奥様も子供もいて、外には呼べばホイホイ付いてくる女がいる……男にとっての極楽生活にハメられてることに気付きなさいよ！

関係を直ちに絶ちなさい。アナタの言動は、「とことん流されます」って言っているようなものじゃないの～。本当にみっともないわ。**すぐに流されちゃうような女には、そういう三流男しか寄って来ないってことだけは覚えておきなさい。**まあ、アナタもきっと寂しかったのよね。その寂しさを埋めるために関係を持ってしまったのかもしれないけど、不倫は寂しさを広げるだけよ。その寂しさの矛先を、間違えても不倫相手の奥様に向けないことね。

不倫相手との関係がセフレでは満足できません

ポコ（42歳）

今年の一月に出会った二歳年下の彼と、不倫関係になってしまいました。私には家庭があり、彼にも同棲中の彼女がいて今年中には入籍する予定だそうです。もちろん私は誰にも言えません。

人には言えない関係とはいえ、私はもっと彼のことをいっぱい知りたいし、会っていろんな話をしたいと思っています。でも彼とは遠距離なうえに、彼自身、仕事が忙しかったり趣味が豊富で、充実した毎日を過ごしているようです。さらにはメールが苦手とのことで、私から連絡しても滅多に返信をくれません。「苦手ならしょうがないし、申し訳ないな」と考慮して、私も週に一、二回くらいしか連絡を取らないようにしているのですが、それでも何かと都合をつけて月に一度くらいは私の住んでいるところまで会いに来てくれます。

メールの頻度は少なくても連絡自体は来るし、なかなか会えなくても彼から会いに来てくれる……それだけでも充分だと思っています。でも彼は、先日「会えた時に楽しければそれでいいよね」と言っていました。彼には言えなかったのですが、私は正直、「会った時だけ」なんて、それではまるで身体だけの関係のようでとても悲しい気持ちになってしまいました。

もうすぐ彼女と入籍してしまう彼。私はあまりに悩み過ぎて体調を崩し、寝込んでいます。彼のために私ができることはあるのでしょうか？　どうすることが一番良いのかはわかっているのですが、まだ決断できずにいます。ＫＥＮＪＩさん、私は男性とこういう関係を築くことに向いていないのでしょうか？　私に喝を入れてください。

彼から滅多に連絡が来ないのは「メールが苦手だから」「仕事や趣味で毎日忙しいから」ではないわよ。目を覚ましなさい！

美タミン注入

ポコさんの幸せと彼の幸せを願うのでしたら……キッパリと別れを告げてはいかがでしょうか。お互いにとって、この関係を続けることはオススメできません。殿方との関係を終わらせることが、アナタにとって一番の処方箋だと思うわ。悩み過ぎて体調を崩してしまうだなんて……アナタはとっても真面目なタイプなのね。どう考えてもボディコミフレンズ（セフレ）のような関係は向いていません。**相手の型にハマっちゃダメよ。**気を付けなさい！

それに、今その殿方との関係が深くなったところでどうするの？　アナタは旦那様と離婚、彼は同棲中の彼女と婚約破棄？　そしてアナタと彼が結婚なさるの？　**彼はこれらのひとつも覚悟ができない、もしくは覚悟する気さえないから「会えた時に楽しければそれでいいよね」と言っているんじゃないかしら？**　今の感情に流されてばかりいないで、ポコさんも冷静になりなさい。

それでも彼のことが知りたいと思うのであれば、アナタは家族を捨てて、彼と彼女の愛の巣の〝隣の家〟に引っ越しちゃえばいいのよ。潔く「お隣のものですが……」ってね☆　そんなことをしなくても、彼の気持ちは丸見えですけどね。その殿方にとって、アナタは所詮浮気相手であり、家庭を持っているからこそ都合の良い相手として選ばれているだけよ。旦那様の気持ちも考えなさい。

汚《お》かど違《ちが》いブス

（悩みの矛先がお門違いな人。）

［口癖］「しょうがないかあ」「○○（自分の名前）ねえ〜」

［特徴］自意識過剰でポジティブ、意中の彼は常に忙しい。

不倫にも、いろいろな事情があると思うわ。でもね、一度の不倫で多くのモノを失うことに気付いて欲しいの。百害あって一利なし。不倫から得られるものはないと言っても過言ではないのよ。そもそもアタシは不倫には賛成できないけど、もし誰かと不倫関係を結びたいのでしたら、これが最低条件よ。

・絶対に家族にバレないこと
・誰にも迷惑をかけないこと
・相手に何も期待しないこと
・「不倫」だと割り切ること

これらが守れないような方は不倫に向いていません。ＫＡＫＡさんやポコさんは、この条件が守れない不倫不適合者なのよ。そうとは知らずに不倫相手との関係に悩んでいるなんて。しかも、ほとんど片思いと同じような心境で……。これが汚かど違いブスちゃんたちの大きな特徴のひとつなの。

口車に乗せられて、気が付いたら何もかも奪われて、最終的に一番奪われてはいけない「心」までが……。これはよくある『無責任ダメ男』に苦しむ女性のパターンよね。でも汚かど違いブスちゃんたちの場合は、「口車に乗せられる」のではなく、「自ら勝手にハマっていく」ことが多いのよ。殿方の気持ちや本質を考えようとはせず、自分の都合の良いように脳内で変換してしまうの。**不倫相手に進展を求めても、ほとんどの場合不毛なだけ**なのにね……。

アナタを取り巻くさまざまな関係が壊れる前に、今すぐ美容室に駆け込んで後ろ髪を切ってくることをオススメするわ。気分も晴れるし、後ろ髪を引かれたとしてもその後ろ髪はないのですから大丈夫よね？　……違うですって⁉　でも、気分転換にはなるわよ〜。

不倫とは、誰かの幸せを奪うこと。その覚悟がなければ、どうもがいたって良い結果は訪れないことをお忘れなく。

第四章

ボディコミュニケーションに悩む貴女へ

十三 性獣汚ブスたち

彼氏がセックス中もAVに夢中です

ペリコ（34歳）

私には付き合って二年半になる彼氏がいます。付き合い始めたばかりの頃から、二週間に一回くらいの頻度でセックスしていたのですが、当時からセックス頻度に不満を持っていました。というのも、彼はもともとアダルトサイトを見ながらオナニーばかりする人なんです。オナニー自体は三日に一回だそうですが、アダルトサイトのチェックは毎日かかさずしています。

私は「せめて週に一回はセックスしたい」と伝えたのですが、「お前とセックスするのには努力がいる」と言われ、ショックを受けました。さらに、私とバックで挿入している最中に、スマホでアダルトサイトの動画を見ようとしており、私では興奮が少ないのかな……とショックを受けました。動画を見ながらセックスした時は、私のことなどまったく見ずに、動画の中の女性に釘付けになっていましたし……。

彼は「熟女」や「巨乳」という言葉で検索しているようですが、私には熟女のような色気はなく、胸もCカップしかありません。彼がセックス回数を多くしてくれないのも、アダルトサイトの動画を見ながらセックスするのも、私の身体やビジュアルが彼の好みと違いすぎるからでしょうか？　もし彼と結婚したら、この先ずっと悩み続けないといけないと思うと辛いです。どのように気持ちを切り替えれば良いのでしょうか？

美タミン注入

「アダルトサイトのパトロールに出かけちゃう殿方」ってよくいるのよね。女子会でも同じような議題が上がるけど、大体二年以上交際を続けているカップルや夫婦に多いわね。

アタシが聞いてきた話の中でも、**この殿方は本っ当にデリカシーがないと思うわ。**あなたを大切にしてくれる男は他にいるんじゃないの？　そもそも、結婚したらボディコミュニケーションの回数は減る一方よ。現時点でアダルトビデオを見ながらすることを受け入れちゃっているなんて……どれだけ失礼なことをされているか、わからないの？　それを受け入れちゃっているアナタもアナタなのよ。我慢せずに「嫌だ」「辛い」って言えばいいのよ。それで別れることになったとしたら、それまでの殿方よ。

彼氏が絶対に挿入してくれません

郁美（20歳）

半年前から付き合っている彼氏がいます。彼は「もっと胸が大きくて目がぱっちりした可愛い子と付き合いたい」「君じゃ興奮しない」と頻繁に言ってきます。さらに「セックスしよ?」と愛撫をしてくるのですが、挿入してくれません。でもオナニーは大好きなので、私が寝た後に隣でしている時もあります。彼に女性として見てもらえていないような気がして、いつも悲しくなってしまいます。

私は彼に出会う前から外見コンプレックスを抱えていたのですが、より気にするようになり、メイクやファッションを勉強しています。でも、彼の望んでいる色っぽさや大人っぽさはまだありません。何かアドバイスをくださると嬉しいです。

美タミン注入

コンプレックスは、むしろアナタのチャームポイントでしょ。外見が自分好みではないからといって、「可愛い子と付き合いたい」なんて言う男……とっとと別れちまいなさい！　胸がないからってなんだって言うのよ。だったら「お望みの巨乳と付き合えば？」と言っておやり。胸糞悪いわ。女をバカにするんじゃないわよ！

「惚れた弱み」とはこのことよね。こんなにも最低な男でも嫌いになれないなんて。でも、アナタがいくら殿方のために自分の外見や体型を整えたりと女磨きに勤しんだって、殿方は調子に乗るだけよ。**そんな人の気持ちがわからない男のため努力する必要はありません。**がむしゃらに執着するのではなく、男を見る目を養う努力も忘れずにね。

年上彼氏のセックス回数&内容に満足できません

ちょこりん（22歳）

15歳上の彼氏とのセックス頻度が減ってきました。前は週三〜四回していたのに、最近は週一〜二回……。セックスしない日にイチャイチャすることもありますが、挿入がないと愛されていないような気がして……。彼から触ってきたのに、その気にさせておいて挿入がないと本当にガッカリだし、とても不安になってしまいます。

彼は仕事が忙しいので、疲れているのはよくわかっていますし、私が仕事で疲れて帰る日は「明日も朝早いでしょ」と気を遣ってくれます。でも、会うたびにセックスしたいんです。どうしたら前のような頻度でセックスできるようになると思いますか？　私に飽きちゃったんですかね……。

美タミン注入

殿方はアナタに飽きているのではなく、ただ体力の限界が近づいているだけ。ボディコミュニケーションを相手の体力以上にアナタが求めるのであれば、ギクシャクしてしまうかもしれないわね。もうねぇ、殿方へのアナタの態度が文章から滲み出ているの。こってりしすぎなのよ!! アナタが殿方への不満を言葉にしているかはわからないけど、少なからず態度には出ているでしょうね。**性欲が合わないのも、重い女よ。**一緒に居るだけでお腹いっぱいになっちゃうわ!

殿方ばかりに頼るのではなく、しばらくの間、セルフコミュニケーションの回数を増やしてみてはいかがかしら? 求めすぎるのはおよしなさい。

汚《お》盛《さか》りブス

（溢れ出す性欲をコントロールできない人。）


［口癖］「ねえ、もう一回しよ？」

「アタシじゃダメなの？」

［特徴］お酒を飲むとボディタッチが多くなる

そうね……。まず、そんなに殿方って巨乳が好きなわけ？　たしかに街中を歩く殿方は「アナタ方はパパラッチならぬ【チチラッチ】なの？」って突っ込みたくなるほど胸ばかり追いかけているけど……。

でも付き合い始めた頃は、そんな乳好き彼氏もアナタ方で満足していたんでしょ？　時が経って頻度が減ってくる原因はいろいろあるし、失礼すぎる殿方は大問題だけど、アナタ方が汚盛りブスちゃんなことも原因だと思うわ。きっとアナタが欲求不満なことは殿方にも伝わっているでしょう。「アタシじゃ満足ができないわけ？」って心の声も聞こえているわ。

求めたらいつでもＯＫされちゃったり、頼んでもいないのに与えられ続けていたら、張り合いがなくなって何だか冷めちゃう……なんて経験はないかしら？　要は、もうボディコミアピールは充分なの。押すだけ押したら……最後はどうすればいいと思う？　えっ!?「とことん押す」ですって!?　そんなに押し続けたら、殿方は身体ごと崖から落ちちゃうでしょうが！　**引くのよ！**　ハートは落としても体は引っ張り上げるの。**アナタの決まり手は「おしだし」ではなく「ひきおとし」。**ちょっと！　誰が通帳確認しろって言ったのよ。　相撲の技よ！

そして、「彼氏が挿入してくれない……」という声もよく聞くけど、確かにソノ気にさせておいて、お願いしても挿れてくれないのは失礼よね。「この悶々とした気持ちどうしてくれるのよ!?」ってね。

でもね、どうして挿入してほしいの？　それって殿方がアナタの身体で快楽に浸っている姿を見て、自分が安心したいだけじゃないかしら。だとしたら、ただの独りよがりよ。そんな自分のことしか考えられない汚盛りブスちゃんだなんて、殿方たちが面倒くさくなってオザナリにしちゃうのも当然よ。挿入だけがボディコミじゃないわよ。一度、求めすぎるのを止めてみてはいかがかしら。

十四 ボディコミ嫌悪汚ブスたち

セックスが気持ち良いと思える日は来るのでしょうか

すみえ（31歳）

31歳にして初めて彼氏が出来ました。そして何回かデートを重ねた後にセックスをしました。初めてだったのでとても痛かったです。その時は何回かすれば痛みはなくなるのかな？　と思っていたのですが、何回してもお腹が痛くなります。彼氏はセックスが好きなので、できるだけ応えてあげたいのですが、自分が気持ち良いのかすらわからない状態です。こんな私でも気持ち良くなる時が来るのでしょうか？

気持ち良くならないのは私だけなのでしょうか？

美タミン注入

殿方とのボディコミュニケーションの相性の問題もありそうだけど、アナタの気持ちを正直に伝えてみてはいかがかしら。そんなことでドン引きするような殿方でしたら、アタシは首をかしげちゃうわ〜。自分が気持ち良くなるには、相手のサポートや思いやりも必要だとアタシは思います。

ローションを使ったり、愛撫の仕方だったり、解決するかもしれない策はいろいろあるわよ。別に恥ずかしいことではないの。自分が気持ち良くなるには、相手のサポートや思いやりも必要だとアタシは思います。**相手の気持ちに応えるだけではなく、相手に協力してもらうのよ♪** それが、ボディコミュニケーションだけでなく、長く付き合っていくための〝**潤滑油**〟になっていくのよ〜。

お風呂に入らない旦那にフェラしたくありません

お米ママ（32歳）

私には生後六カ月の子供がいます。産後の生活も落ち着いてきて、そろそろ夫との性生活を再開しようかな～とは思うのですが、夫とする気になれません。なぜなら、夫は朝風呂派なので夜に入浴しないまま寝るのですが、セックスの誘い方が「フェラしてよ」なんです。「お風呂に入ってくれたらいいよ」と言うと「冷たい、愛がない」と不貞腐れて絶対お風呂に入ろうとしません。

出産前も不潔フェラは嫌でしたが、何とかセックスは出来ていました。でも今は子供もいるし、面倒な夫の相手するのもだるくて……。どうすればこれからも仲良くできるでしょうか？　私が不潔フェラを我慢するしかないんでしょうか？

美タミン注入

そんなの我慢することはないわ。むしろ、アナタも朝風呂派に切り替えて「ならアタシのもしなさいよ！」と強要してみてはいかがかしら。子供を入浴させなきゃだから難しいかもしれないけど……。**殿方がお子さんの夜のお風呂係になってくれたら一番良いのにね。**それが無理なら、アナタが入浴時にどこも洗わず、臭い状態にしておくとか。目には目を、歯には歯を。それを続けていけば、いつか殿方も察するかもしれないわ。それでもダメならお風呂に入るまで我慢させなさい。

ただ、少なくとも半年間ボディコミュニケーションをしていなかったとしたら、旦那様も今まで我慢してきたのよね。その気持ちをちょっとだけ考えてあげると良いかもしれないわ。すねて意地張ってるのかも。不潔フェラで愛情確認したい……なんて可能性もあるわよ。

汚《お》告《つ》げブス

（相手に言葉で伝えることを面倒臭がる人。）

［**口癖**］「言わなくてもわかってよ!」「面倒くさ〜い」

［**特徴**］手間が大嫌いで、すぐに妥協する。

ボディコミュニケーションの悩みって誰もが抱えることよ。相手の協力体勢がなければ集中できないし、気持ち良いボディコミュニケーションなんて図れっこないわ。

殿方が相手のことを考えない汚レ様ブスな場合、勘違いをしていることを教え続けないとダメよ。アナタが伝えることを面倒くさがっていたら、悩みは解決されないわ。

体が交わったからといって心まで繋がっていると思ったら大きな間違い。ボディコミュニケーションの図り方をお互いに共有しながら気持ちを高めていかないと、この先も一方通行のままになってしまうわ。それがボディコミレスの始まりなのよね。今後も性生活を続けていきたいのであれば、殿方に聞く耳を持たせる環境を作って、しっかり伝え続けなさい。

あとがき

最後までご覧いただき、ありがとうございました。

「汚ブスの呪縛」いかがだったかしら？

〝ＫＥＮＪＩ美タミン〟のオンパレードでドン引きさせちゃったかもしれないわね。でもね、アタシは女性のことが嫌いなワケではないのよ。むしろ大好きだからこそ、目に余る行動が見えたり、ダメ男にハマっている姿を見つけると放っておけないの。お節介ババアでゴメンなさいね……ちょっと！　誰がババアよ！　ＫＥＮＪＩよ!!

すべての汚ブス事案を読んで、アナタはどう感じたかしら？「もしかしたら、アタシも汚ブスかもしれない……」「汚ブスの呪縛から解放されたい！」なんて思った方は、いつでも相談してよね。ＫＥＮＪＩ美タミンで、アナタの「心のスタッドレスタイヤ」を付け替えて差し上げるわ。

一番良くないのは、何かに悩んでいても「恥ずかしくて誰にも言えない……」「周りの人を巻き込むのは悪い……」と自分の中だけで抱え込み、温め過ぎてしまい、自分を犠牲にしてしまうこと。これが汚ブスの始まりなの。そして、自分が汚ブスなことに気付かず、その後ものらりくらりと〝汚ブスライフ〟をエンジョイし始めてしまったら、もうアウト。呪縛に取り憑かれてしまうわ〜。

「汚ブスの呪縛」は本当に怖いのよ。身動きが取れなくなってしまう前に、アナタの悩みとしっかり向き合いなさい。呪縛から解き放たれた時の爽快感といったら喉越しサプライズよ！　味わってみたくないかしら？　アナタのお悩みが早く解決することをお祈りしているわ。

では、またどこかでお会いしましょう。ごきげんよう♪

ＫＥＮＪＩ拝

KENJIとは

女子会に年間400回以上呼ばれるオネエ系社長。以前は自ら芸人として活動し、大手芸能事務所でのアイドルのマネージャー業に従事。その経験から、「思いやりのない人」、「ブスっとした表情の人」、「隙だらけの人」を“汚（お）ブス”と称し、これまで5000人以上の女子を斬る「汚ブス研究家」として活動中。

（活動一覧）

テレビ番組

『クロ女子白書』（FBS 福岡放送）毎週水曜日深夜0時54分放送
※動画配信サイト「Hulu」でも配信中

書籍

『女子会のお作法「汚ブス」にならないための39か条』（産学社）

web 連載

『messy／KENJIの美タミン注入★』（サイゾー）
『テレ朝 芸能＆ニュース／KENJIのあまから“女史疲れ”』（テレビ朝日）
『日経ウーマンオンライン／汚ブス研究家KENJIの美タミン川柳』（日経BP 社）
『女子SPA!／KENJIの「内面美人への道」』（扶桑社）

その他

・タレント、芸能マネージャーの育成
・企業研修／新入社員教育特別講師
・シンデレラ・ラボプロジェクト／大学講師
・専門学校、大学などでマナー講習を実施

（資格・検定一覧）

・中学校教諭一種免許状（社会）
・高等学校教諭一種免許状（地理歴史／公民）
・コスメマイスター（一般社団法人日本コスメティック協会 認定）
・タオルソムリエ（今治商工会議所　四国タオル工業組合 認定）
・温泉ソムリエ（温泉ソムリエ協会 認定）
・赤十字救急法取得（日本赤十字社）

汚ブスの呪縛

2015年12月8日初版第一刷発行

著　　者	KENJI
発 行 者	揖斐 憲
発 行 所	株式会社サイゾー
	〒150-0043
	東京都渋谷区道玄坂1-19-2 3F
	電話　03-5784-0791
印刷・製本	シナノパブリッシングプレス
装　　丁	吉田 祐介
イラスト	ナマコラブ〜愛の天使〜
編　　集	渡辺 奈知

ISBN 978-4-904209-86-8